E-COMMERCE

Sommario

CAPITOLO 1

Un po' di storia

Se oggi dovessimo fermarci a pensare agli e-commerce, ci verrebbero subito in mente i grandi colossi quali Amazon, eBay e Alibaba.

Effettivamente è anche merito loro se gli store online oggi sono così come li vediamo.

Gli e-commerce hanno conosciuto la propria evoluzione soprattutto grazie all'ascesa di Internet e all'evoluzione tecnologica, capaci di legare azienda e consumatore.

Ripercorriamo insieme, quindi, la storia degli e-commerce partendo dagli anni sessanta.

Amazon ed Ebay non sono state le prime società ad avventurarsi nel mondo delle vendite online.

La storia dell'e-commerce inizia negli anni Sessanta, quando due computer compiono la prima operazione di vendita online intesa come scambio di informazioni digitali.

La tecnologia alla base era l'Electronic Data Interchange (EDI), un sistema che andò a sostituire l'invio di documenti attraverso la classica posta e fax.

Una data importante per la storia degli e-commerce è il 1979, quando l'inglese Michael Aldrich, riuscì a collegare attraverso la linea telefonica un televisore ad un computer per elaborare le transazioni.

Questa fu la prima esperienza di teleshopping su cui si concentrò l'e-commerce come lo conosciamo oggi. L'inventore inglese permise così la comunicazione sia da azienda ad azienda (B2B) sia da azienda a utente (B2C).

L'invenzione di Aldrich fu alla base del Minitel in Francia a partire dal 1980.

Si trattava di una rete commerciale delle poste statali usata per effettuare acquisti online, prenotare treni, consultare i prezzi delle azioni e cercare numeri di telefono.

Nella storia degli e-commerce fu importante il protocollo TCP/IP, una nuova tecnologia che ancora oggi usiamo creata da ARPAnet, il progetto militare americano che portò alla nascita di Internet. Siamo sempre agli inizi degli anni Ottanta e grazie all'avvento della tecnologia, gli e-commerce iniziano a diffondersi rapidamente.

Gli acquisti online appena citati si basavano tutti sul pagamento alla consegna, per il primo acquisto con carta di credito bisogna attendere il 1994.

Nel 1990 Tim Berners-Lee, il papà di Internet, pone le basi per l'idea di web come lo conosciamo oggi, basandosi sugli ipertesti. Nascono le basi dell'Internet moderno che, con lo sviluppo dei sistemi di pagamento digitali, favorirono ancora di più la crescita degli ecommerce.

Nel 1994 l'imprenditore Dan Kohn effettua il primo acquisto online della storia degli e-commerce attraverso il portale Net Market.

Il primo prodotto acquistato online è un CD di Sting, comprato da un amico per circa dodici dollari. È la prima transazione online sicura nella storia degli e-commerce, effettuata con il browser Netscape e con il protocollo di sicurezza SSL.

Non si può parlare della storia degli e-commerce senza citare Jeff Bezos e Amazon.

Tale società nasce il cinque Luglio 1994, mentre il sito va online nel 1995. Nel suo garage di Seattle, Bezos sogna di vendere più libri possibili in tutto il mondo.

Il fondatore del famoso portale all'inizio scelse Cadabra come nome, ma uno dei suoi legali fece notare la somiglianza con la parola cadever ovvero cadavere. Perciò decise così di chiamare la società Amazon, e lo fece per diversi motivi. Innanzitutto iniziava con la lettera A, quindi, negli elenchi di ricerca sarebbe comparsa sempre in alto, inoltre ricordava il Rio delle Amazzoni, l'imponente fiume simile all'imponente attività che Bezos stava per iniziare.

Amazon oggi è una delle poche aziende ad aver raggiunto i mille miliardi di capitalizzazione, e non solo vendendo libri.

Il portale è riuscito a commercializzare ogni tipo di prodotto per soddisfare l'utente in ogni sua esigenza, con una gestione logistica invidiabile.

Nella storia degli e-commerce anche eBay ha la sua importanza.

Fondato da Pierre Omidyar, debutta online come Amazon nel 1995 ma con il nome AuctionWeb. Rispetto ad Amazon, eBay all'inizio nasce per le aste online, per dare spazio e voce a tutti i venditori e acquirenti. Con il tempo introduce la possibilità di acquisto immediato senza il meccanismo delle aste.

Il primo prodotto della storia acquistato su eBay fu un puntatore laser rotto per circa quattordici dollari.

Il fondatore contattò l'acquirente per verificare se avesse realmente compreso l'acquisto e scoprì che l'utente era un collezionista di laser difettosi.

Nel 1997 cambia nome in Echo Bay, ma il dominio è già preso da una miniera d'oro e si opta per il semplice eBay. Nel 2002 il portale è cresciuto così tanto da acquistare PayPal, fondata anche da Elon Musk, rendendola poi indipendente nel 2015.

Infine, altro colosso è Alibaba, una società cinese con sede ad Hangzhou, fondata nel 1999 dall'imprenditore Jack Ma.

Si suddivide in diverse compagnie (Alibaba, AliExpress, Alipay, AutoNavi, Taobao, Tmall) in diversi settori: commercio online, servizi cloud, piattaforme di pagamento e compravendita.

Come gli altri competitor, la diversificazione dei prodotti è stato uno dei punti di forza per permette allo store di soddisfare ogni tipo di desiderio da parte del cliente.

Nel 2012 ha guadagnato circa centosettanta miliardi di dollari in vendite, più di Amazon ed eBay messi assieme.

Il boom degli anni 2000 avviene nello scenario di una progressiva diffusione della linea ADSL ad alta velocità nelle case di milioni di persone in USA e in Europa. Diverse aziende offrono i propri prodotti e servizi sul web.

Il termine e-commerce si è diffuso come quella attività di acquisto di beni e servizi su Internet attraverso pagamenti elettronici sicuri.

Vista la crescita del settore commerciale online e quindi la necessità di una comunicazione e di transazioni sicure nel 2004 viene fondata la

Payment Card Industry Security Standards Council (PCI) con lo scopo di creare degli standard di sicurezza.

La sempre maggiore diffusione di tablet e smartphone ha dato un nuovo input all'evoluzione dell'e-commerce con sempre più utenti collegati e nuove modalità di compiere le transazioni commerciali anche da mobile. Negli ultimi anni l'uso dei social network ha aperto nuove strade ai rivenditori online e ha creato nuovi strumenti di comunicazione tra cliente e aziende.

Il futuro porta con sé una nuova esperienza di shopping con contenuti di qualità e sempre più realistici sfruttando le tecnologie della realtà virtuale.

Dobbiamo dire, però, che il primo acquisto online in Italia risale al tre giugno 1998.

IBS.it era online da appena trenta minuti quando ricevette il primo ordine dalla California: "La Concessione del Telefono" di Andrea Camilleri.

L'e-commerce nel nostro Paese ha visto negli ultimi anni un crescendo irrefrenabile, infatti, nel 2016 sono circa sedicimila le aziende con un fatturato generato dal comparto e-commerce in Italia pari a trentadue miliardi di euro.

La storia dell'e-commerce è la storia della nuova realtà digitale che si è arricchita grazie all'uso di Internet e delle nuove tecnologie digitali.

È un mondo che continuiamo a costruire passo dopo passo e destinato a migliorare e cambiare ancora di più l'esperienza online di acquirenti e rivenditori di tutto il mondo.

CAPITOLO 2

Che cos'è un e-commerce

L'e-commerce è un modo per effettuare transazioni di beni, servizi e informazioni attraverso Internet usando dispositivi elettronici senza bisogno di una mediazione fisica tra i partecipanti all'attività.

Perciò, non è necessaria alcuna struttura fisica come fare acquisti in un negozio tradizionale, infatti, l'eCommerce ha caratteristiche molto diverse da quelle del negozio tradizionale.

Le caratteristiche che lo contraddistinguono sono:

- Universale cioè l'utente può acquistare i prodotti in qualsiasi paese del mondo, non è necessario che l'utente si trovi nel proprio paese per eseguire l'acquisto. Va detto che in molti posti per acquistare in altri paesi sono necessari permessi o licenze da parte del venditore. Invece, queste barriere vengono sempre più eliminate e si può dire che l'eCommerce ha un carattere globale

- Uguale cioè tutti possono avviare un'attività elettronica in un determinato paese e vendere in qualsiasi altro paese o semplicemente nel proprio, questo significa che per iniziare l'attività da parte del venditore, può farlo in qualsiasi parte del mondo, solo loro devono rispettare l'attuale legge del paese in cui ha inizio l'attività elettronica

- Multidispositivo cioè il bene, il servizio o le informazioni possono essere acquisiti attraverso qualsiasi dispositivo elettronico, che si tratti di un laptop, un computer desktop, un telefono cellulare con connessione Internet o un tablet. Questo rende molto comodo per l'acquirente finale fare un acquisto e non dovrà acquistare prodotti molto costosi per eseguire la transazione

- Integrazione con i social network cioè questi permettono di interagire attraverso di loro con molti utenti, permettono di condividere le informazioni relative all'acquisto con i contatti che ogni utente ha sui social network ai quali è registrato. Inoltre, i social network permettono la pubblicità di beni, servizi o informazioni che gli utenti possono visualizzare

Che poi in realtà non esiste una definizione di e-commerce ben precisa che ci dica in maniera chiara cosa sia e di cosa si tratti.

Anche se Wikipedia ci offre una risposta sintetica: "E-commerce può riferirsi all'insieme delle transazioni per commercializzare beni e servizi tra l'offerta e la domanda, effettuate attraverso Internet".

In linea di massima, quindi, possiamo dire che questa definizione è corretta, anche se in realtà entrano in gioco molte variabili che non vengono considerate.

Un e-commerce è composto da molti fattori, che ne distinguono la tipologia, e coinvolge diverse discipline: dall'informatica tecnica alla comunicazione, dal marketing alla grafica, fino alle questioni normative e legali.

Bisogna tenere conto anche delle motivazioni che spingono un'azienda a scegliere di vendere i propri prodotti o servizi attraverso internet, e trovare quali sono quelle che veramente basano una grande parte del proprio business sulla presenza online.

E per commercio elettronico cosa intendiamo?

Anche qui non esiste un'unica definizione di commercio elettronico.

Potremmo dire che è l'insieme delle transazioni che avvengono attraverso internet per commercializzare beni e servizi tra produttore o fornitore e consumatore.

Si tratta, quindi, di un'attività informatica e-commerce che si realizza sia con il servizio sia con il prodotto commercializzato attraverso il web.

Esistono diversi tipi di commercio elettronico, vediamo insieme quelli più comuni:

- Business to Business (B2B) ovvero lo scambio di forniture, prodotti o servizi tra un'impresa e l'altra. Questo tipo di commercio viene spesso automatizzato grazie a internet, e comprende un'area molto più vasta di scambi rispetto a quelli che avvengono direttamente verso il consumatore finale, perché ogni azienda ha necessità simili come ad esempio il trasporto, i servizi tecnici o informatici. Questi bisogni ovviamente vengono soddisfatti da altre aziende o imprese

- Business to Consumer (B2C) ovvero tutte quelle forme di vendita online destinate direttamente al cliente. Grazie al web la compravendita diventa più rapida, si salta il passaggio con gli intermediari e si garantisce spesso prezzi più accessibili e un'assistenza al cliente ventiquattro ore su ventiquattro

- Consumer to Consumer (C2C) si tratta di aziende che seguono un processo di acquisto simile a quello dell'azienda tradizionale. Le fasi del processo di acquisto sono varie, la prima cosa è che il cliente finale ordina l'ordine del bene, del servizio o delle informazioni di cui ha bisogno. Il passaggio successivo è per il cliente finale che assume per pagare ciò di cui ha bisogno

- Peer to Peer (P2P) ovvero la transazione tra individui di file o informazioni

- Business to Employee (B2E): ovvero la transazione dall'azienda ai dipendenti

Adesso che conosciamo la definizione di e-commerce dobbiamo parlare dei servizi e-commerce.

Sono, infatti, proprio questi ultimi che fanno la differenza: la facilità di uso, l'assistenza al cliente, la spedizione gratuita, la possibilità di reso, sono tutti aspetti del servizio e-commerce utilissimi per avere successo oggi con questo tipo di business e fanno davvero la differenza. Oltre al prodotto ed al modo in cui questo viene presentato al potenziale acquirente, sulla decisione di acquisto online influiscono infatti anche numerosi fattori ormai che sono considerati parte integrante delle politiche dei più grandi negozi online come Amazon, Zalando, Yoox, Privalia, Asos, e così via.

Quando un'azienda decide di aprire un e-commerce deve prima di tutto capire quali sono i vantaggi che questo business potrà portare al successo e nello stesso tempo non perdere di vista gli svantaggi.

Proviamo a fare una lista di aspetti positivi e negativi che andrebbero considerati per ogni iniziativa di vendita online.

Per quanto riguarda i vantaggi:

-   Raggiungimento di un maggior numero di potenziali clienti cioè che si tratti di un B2B o di un B2C si sa che la rete apre le porte ad un potenziale infinito di persone che possono sfruttare l'e-commerce per conoscere l'azienda, chiedere informazioni o acquistare

-   Abbattimento dei costi ovvero cercare di mantenere un e-commerce non costa quanto sostenere le spese di un negozio fisico, perché i costi di gestione online sono ridotti di molto

-   Aggiungere un tassello importante alla comunicazione perché avere un e-commerce per un'azienda già avviata è un buon modo per avere ulteriore visibilità sul web, raggiungendo un maggior numero di persone e sfruttando l'occasione per generare interazioni online

Per quanto riguarda gli svantaggi:

- Pagamenti online cioè bisogna tenere conto che, nonostante la crescita ci sia anche in Italia, molte persone sono ancora diffidenti ad acquistare online, perché non conoscono bene tutte le procedure che ci sono dietro e temono di poter diffondere i propri dati bancari sul web

- Pratiche scorrette perché oltre a non cadere in pratiche commerciali scorrette, bisogna saper gestire le richieste dei clienti, che a volte non sono proprio consone con quello che ci si aspetta una volta aperto l'e-commerce

- Piano di business perché anche per gestire un e-commerce occorre avere una valida strategia, oltre al tempo e al personale adeguato che si occupa di aspetti legali o di marketing

In Italia gli acquisti online sono in costante aumento, e l'avvento del Covid-19 ha incrementato notevolmente il volume di vendite a distanza con picchi che hanno sfiorato il trecento percento, tuttavia, ancora poco rispetto ad altri paesi come la Gran Bretagna.

E' proprio questo il momento di investire in un e-commerce per arrivare prima dei propri concorrenti a raggiungere clienti che cercano sempre più spesso online i prodotti di cui hanno più bisogno.

CAPITOLO 3

Aprire un e-commerce

Aprire un E-commerce, se non si hanno alcune informazioni essenziali può essere più facile a dirsi che a farsi.

Con l'evoluzione di molti settori del commercio elettronico nel 2020, attivare uno store online, magari complementare al punto vendita fisico, è un tema molto attuale soprattutto per quelle attività che hanno vissuto un calare delle vendite nel negozio tradizionale.

Aprire un E-commerce non è sinonimo di vendere online.

Vendere online si riferisce a tutte quelle forme di vendita su canali digitali, per esempio attraverso marketplace su siti e piattaforme di annunci, inclusi i social network, tipicamente indicate per attività immediate e non professionali.

Esistono alcuni elementi fondamentali per aprire un e-commerce che sono necessari per rispettare tutte le normative vigenti.

In particolar modo per tutti i venditori professionali sono necessari: l'apertura di una partita IVA perché senza non sarà possibile attivare un e-commerce professionale oltre all'iscrizione al Registro delle Imprese, all'apertura delle posizioni contributive ed assistenziali e alla comunicazione di inizio attività.

Da un punto di vista finanziario, è necessario anche aprire un conto corrente intestato alla società dove verranno accreditati i profitti delle vendite e addebitati costi e commissioni.

Possono esserci altri passaggi burocratici che servono per essere in regola e possono dipendere, ad esempio, dalla tipologia di prodotti venduti o dalla vendita al di fuori dell'Unione Europea.

Il consiglio per questa fase più delicata è quella di rivolgersi ad un commercialista specializzato, per avere il supporto di un professionista ed evitare eventuali intoppi futuri.

Una volta chiarito l'aspetto burocratico, possiamo occuparci delle attività principali necessarie esclusivamente all'apertura e alla gestione di un E-commerce.

Il sito dello store online rappresenta la nostra attività principale, esattamente come il punto vendita per chi vende offline.

Un negozio che non sia facilmente raggiungibile, disordinato e con poco spazio tra gli scaffali lo rendono sicuramente scomodo da visitare e rischia di non avere successo.

Per il nostro e-commerce valgono gli stessi principi. Facciamo in modo che l'esperienza di acquisto sia unica, che la navigazione tra cataloghi, prodotti e servizi sia fluida e che concludere un acquisto richieda pochi semplici passaggi senza intoppi.

Proprio perché si tratta di una componente strategica, per lo sviluppo del sito è consigliabile rivolgersi a dei professionisti. Esistono freelance ed agenzie specializzate che offrono sviluppo e manutenzione del sito, in base alle esigenze personali e alla tipologia di e-store oppure possiamo affidarci a piattaforme come Vidra, che offre tutti gli strumenti per creare e gestire uno store online.

Una volta scelto a chi affidare la creazione del sito web, mettiamoci nelle mani della loro esperienza, ma teniamo in mente un paio di elementi importanti.

Il primo è che sia responsive, nel senso che si dovrà adattare automaticamente alle diverse dimensioni degli schermi di oggi, soprattutto mobile. Sempre più utenti infatti fanno i loro acquisti da smartphone. Lo shopping in mobilità quindi è diventato ormai una realtà a tutti gli effetti e di conseguenza va tenuto in seria considerazione.

Il secondo è che i siti possono essere sviluppati in due modi: scritti completamente in codice o creati attraverso piattaforme di gestione dei contenuti che si chiamano CMS. Nel primo caso, il sito sarà esattamente come lo vorremo in tutto e per tutto, ma in questo caso ci costerà un po' di più.

Nel secondo caso, dovremo scendere a qualche compromesso, ma i CMS sono strumenti sempre più usati e molti dei siti che navighiamo regolarmente sono costruiti proprio su queste piattaforme.

C'è poi da considerare anche quale servizio di hosting dobbiamo scegliere, cioè l'azienda che offre lo spazio sul quale pubblicare il sito. Spesso chi si occupa dello sviluppo suggerisce anche il partner per questa esigenza, in ogni caso, basterà sapere che la velocità di navigazione e accesso al nostro store online dipende anche dalla qualità del servizio offerta dalla società di hosting, quindi, meglio prestare molta attenzione anche a questa scelta.

Magazzino, spedizioni e resi sono tre fattori fondamentali in quanto sono legati tra di loro e l'eccellenza in questi ambiti ha fatto la fortuna di grossi siti come Amazon.

Una gestione efficiente del magazzino può avere molti vantaggi, sia dal punto di vista dei costi sia da quello dell'esperienza del cliente. Maggiore sarà l'organizzazione e minore sarà il tempo necessario per la spedizione della merce, la conseguenza sarà avere un cliente più soddisfatto visto che si riducono i tempi per la ricezione dei prodotti acquistati.

Anche la gestione dei resi è importante perché possono convincere il cliente a restarci fedele e a non preferire un concorrente che ha tempi lunghi di gestione delle restituzioni o costi proibitivi.

Ci sono poi tantissime attività di marketing che possono contribuire al successo della nostra attività.

Tra quelle più importanti troviamo SEO e SEA, acronimi di Search Engine Optimization e Search Engine Advertising che insieme sono tutte le attività, a pagamento e non, per far trovare più facilmente il nostro sito web sui motori di ricerca.

Visto e considerato che oggi, oltre il novanta percento delle pagine web nel mondo è invisibile per Google, è molto importante investire affinché il nostro store online rientri nel restante dieci percento.

Anche per queste attività esistono specialisti di settore e come per qualsiasi altra professione è bene rivolgersi a loro per raggiungere i risultati prefissati.

Importanti sono anche le recensioni, le attività di e-mail marketing e il presidio dei canali social.

L'ultimo passaggio di un acquisto, online o offline, è il pagamento.

Un sistema di pagamento ben integrato può fare la differenza e convincere il nostro cliente a tornare oppure a scegliere un nostro concorrente per gli acquisti futuri.

Anche in questo caso i fattori da tenere in considerazione sono molti, la scelta del partner giusto per la gestione degli incassi del nostro e-commerce può essere il successo del nostro business.

Occorre, però, decidere che tipo di integrazione si sta cercando. Si può scegliere un sistema semplice, poco personalizzabile e magari con costi variabili in base al transito, oppure soluzioni più personalizzabili, con maggiori funzionalità e costi che dipendono dai servizi a valore aggiunto attivati.

In base al target di riferimento è bene valutare quali sistemi di pagamento integrare.

Ad esempio, per una clientela giovane è possibile attivare i wallet di pagamento più comuni sugli smartphone, come Apple Pay e Google Pay, mentre se si vendono prodotti a clienti cinesi, è importante valutare strumenti come Alipay, WeChat Pay e Unionpay.

Se poi il target di riferimento è il B2B, MyBank e iDEAL possono fare la differenza ed aumentare il tasso di conversione del nostro carrello.

Un'altra componente strategica è la prevenzione frodi.

Oggi esistono piattaforme che, grazie ad intelligenza artificiale e machine learning, possono ridurre le frodi e nello stesso tempo aumentare le vendite grazie alla loro capacità di ridurre i falsi positivi, ovvero quelle transazioni cosidette genuine identificate erroneamente come fraudolente.

Una piattaforma di prevenzione frodi efficace è un'arma in più anche in termini di customer journey, perché riduce la frizione in fase di checkout e rende più piacevole e veloce la fase di pagamento.

Parliamo, ora, di un argomento leggermente più spinoso, ovvero quello legato ai costi dell'apertura di un e-commerce.

È difficile dare una risposta precisa a questa domanda perché molto dipende da qualità e personalizzazione dei servizi scelti.

Sul web, esistono poi agenzie ed aziende che propongono pacchetti che includono alcuni dei servizi che abbiamo elencato o addirittura una gestione chiavi in mano di tutto l'e-commerce.

È possibile identificare delle classi di costi per l'apertura di un e-commerce:

- Setup, attivazione contratto o sviluppo. Spesso le aziende prevedono dei costi fissi, una tantum, per l'attivazione o erogazione di un servizio. Nel caso dell'attivazione di un e-commerce, possiamo parlare del costo di sviluppo del sito, l'attivazione del gateway di pagamento e anche l'impostazione di un progetto di marketing

- Manutenzione o canoni piattaforma e CMS, qui, parliamo di operazioni legate al mantenimento del sito, aggiornamento del catalogo prodotti, gestione del magazzino, hosting e accesso a piattaforme di incasso. Voci di costo che vanno previste periodicamente e definite in fase di contratto

- Commissioni sul transato, cioè, solitamente vengono applicate in forma fissa o variabile sull'importo del transato. Possono cambiare in base allo strumento di pagamento usato dal cliente e vengono decurtate in automatico dagli incassi o addebitate in un secondo momento

- Costi accessori e variabili che possono essere bolli ed oneri dovuti allo Stato, costi una tantum di consulenza, budget per campagne di advertising e così via

Un ulteriore aspetto importante per avere successo con il nostro e-commerce è quello di avvalersi di un team formato solo da professionisti specializzati in ogni ambito di riferimento.

In particolare i professionisti di cui avremo bisogno sono:

- E-commerce manager ovvero la figura principale, quella che stabilisce gli obiettivi del sito, propone il budget da destinare, controlla la buona riuscita di tutte le operazioni e gestisce il marketing

- Web developer ovvero il programmatore, il responsabile del reparto tecnico, colui che si occupa di costruire e aggiornare la piattaforma, correggo eventuali difetti e malfunzionamenti

- Graphic designer colui che cura l'aspetto estetico del sito

- Tecnico dell'immagine fotografica e multimediale colui che si occupa di fotografare, filmare e produrre tutte le immagini e i video presenti sul sito

- Seo Specialist colui che si occupa di pianificare la strategia seo, individuare le parole chiave, monitorare e migliorare il posizionamento

- Digital Media marketing manager colui che individua i canali preferenziali di comunicazione e stabilisce il budget da destinare alle operazioni di marketing

- Copy e content creator colui che si occupa dei contenuti digitali destinati al marketing

- Social media manager colui che si occupa delle pubblicazioni, inserzioni e budget dedicato a tutto ciò

- Marketplace Specialist colui che si occupa dei dati relativi ai trend di mercato e migliora la presenza aziendale sui marketplace

- Customer care manager colui che gestisce le richieste dei clienti attraverso telefono, mail e chat

- Warehouse manager colui che si occupa dello stoccaggio delle merci, della logistica e dell'invio dei colli

In conclusione, aprire un Ecommerce può essere dispendioso, non solo in termini economici, ma è un elemento chiave per trovare il consumatore che non si affida più esclusivamente solo a punti fisici per i propri acquisti, ma con un business plan ben costruito e strategie solide a supportarlo, le opportunità offerte dal canale digitale permettono di raggiungere potenziali clienti in tutto il mondo.

CAPITOLO 4

La piattaforma di e-commerce

La scelta della piattaforma più adatta al nostro e-commerce è ovviamente un aspetto molto importante.

Un'azienda può decidere di lavorare contemporaneamente su più piattaforme ammesso che siano tutte produttive e che la spesa di gestione e manutenzione risulti sostenibile.

Oggi ci sono tantissime possibilità sia gratuite che a pagamento per creare un negozio online.

Fondamentalmente, un negozio online può essere creato attraverso due piattaforme diverse ovvero le piattaforme CMS o quelle CD.

Le prime piattaforme permettono al cliente di poter gestire i contenuti del sito in completa autonomia, senza dover conoscere i diversi linguaggi di programmazione web.

Il CMS è uno strumento molto flessibile e altamente consigliato, per tutti coloro che hanno bisogno di un sito web dinamico, dove i contenuti vengono aggiornati con una certa frequenza.

Esistono sostanzialmente due tipologie di piattaforme CMS:

- CMS proprietaria, ovvero quelle che vengono sviluppate dall'agenzia web o dal professionista. In questo caso il codice sorgente non viene quasi mai rilasciato al pubblico

- CMS open source, le più famose WordPress, Joomla, Drupal. Queste piattaforme sono sviluppate da una comunità di programmatori volontari e il codice sorgente è di dominio pubblico. Per poter usarle non è necessario il pagamento di alcuna royalty, in quanto sono per l'appunto, open source.

La grande differenza tra queste due piattaforme risiede proprio nella proprietà del codice. Se in un caso il codice sorgente viene sviluppato solo da un ristretto numero di programmatori e non viene reso di pubblico dominio, nell'altro la caratteristica è proprio la libertà di accesso.

La conseguenza è che molte persone possono contribuire allo sviluppo del CMS open source, ma il risvolto della stessa medaglia mostra una maggiore vulnerabilità, dato che un più alto numero di malintenzionati può avere la possibilità di scoprire falle e vulnerabilità del sistema.

Perciò, se ci viene proposto di realizzare un sito che usa un CMS open source, abbiamo due possibilità per evitare il rischio che diventi obsoleta e vulnerabile ad attacchi informatici: o ci viene fornito il supporto da parte dell'agenzia o comunque di un professionista che ha realizzato il sito, oppure impariamo ad aggiornare autonomamente il CMS installato e a gestire i possibili conflitti che possono sorgere dopo l'aggiornamento.

Per quanto riguarda, invece, le piattaforme CD, il loro sviluppo è molto più complesso, più costoso e adatto soltanto ai veri professionisti del settore in quanto consiste nel costruire un sito da zero e garantirne nello stesso tempo la manutenzione e l'aggiornamento. Attraverso queste piattaforme il sito può essere personalizzato tantissime volte a proprio piacimento.

La scelta della piattaforma, quindi, risulta essere molto delicata, anche perché il consumatore di oggi ha delle aspettative molto alte, tutto deve essere a portata di click, perciò la piattaforma scelta deve soddisfare le esigenze sia in termini di tempo che nell'acquisto finale.

Per questo la piattaforma deve essere adatta alle esigenze di mercato e cioè soprattutto alla possibilità di poter connettersi dal proprio dispositivo mobile.

Ovviamente il tutto sarà più definito dal budget che avremo a disposizione.

Inoltre per attrarre un maggior numero di visitatori occorre curare anche l'aspetti estetico e il design.

Importante, in tal senso, è l'interfaccia grafica del nostro sito ovvero la facciata e il messaggio che si intende comunicare ai visitatori che ovviamente dovrà essere di forte impatto per evitare che gli stessi lascino immediatamente il nostro sito di e-commerce per prediligere magari altri.

Ogni pagina del sito deve essere ben curata e ogni dettaglio deve essere ben chiaro come ad esempio:

- Layout snello e definito con pochi colori

- Prezzi chiari, definitivi ed identificabili con semplicità

- Link più evidenti rispetto a tutto il resto

- Carrello ben visibile in alto a destra

- Barra di ricerca deve fornire risultati in modo veloce

- Contenuti coerenti con la vetrina, con le tendenze di ogni tipo

- Contenuti multimediali chiari e definiti

- Colori caldi, positivi, ospitali

Quindi, tutti questi sono aspetti molto importanti per una piattaforma e per aumentare il livello di usabilità della stessa.

La struttura di un e-commerce deve rispecchiare idealmente la struttura di un albero dove il tronco sarà rappresentato dalla home Page, i rami più grandi dalle pagine principali, i rami più piccoli dalle sottocategorie, le foglie dai prodotti messi in vendita.

All'interno di questo grande albero il consumatore dovrà essere in grado di navigare con estrema semplicità e velocità.

Oltre a questi aspetti, la piattaforma o meglio il sito del nostro e-commerce deve rispettare altri criteri ovvero:

- La lista dei prodotti o meglio il catalogo deve essere sempre aggiornato e deve essere di facile consultazione

- Il carrello deve essere sempre ben visibile e deve riportare l'anteprima dei prodotti scelti e il prezzo finale

- Checkout ovvero le procedure di pagamento devono essere sicure ed ottimizzate

Se tutte queste funzionalità agiscono in modo corretto e sincrono tra di loro, allora il risultato sarà molto più che soddisfacente.

CAPITOLO 5

Dropshipping

Il dropshipping è un metodo di vendita che può essere applicato all'e-commerce e consiste nel vendere un prodotto online senza averlo materialmente in un magazzino di stoccaggio. Gli articoli, quindi, non sono posseduti concretamente dal venditore, ma vengono proposti agli acquirenti facendo da tramite tra il pubblico e il fornitore.

Tutto ciò è possibile perché alla base esiste un accordo commerciale tra venditore dropshipper e fornitore primario, in un'ottica di vantaggio per entrambi.

In concreto, facendo un esempio pratico, un utente si dedica allo shopping online e sceglie un articolo da una piattaforma e-commerce. L'articolo scelto però non viene venduto direttamente dal negozio online, che effettivamente non possiede questo oggetto: il prodotto è in mano al fornitore, che si occuperà anche della preparazione e della spedizione all'acquirente. Quindi l'utente compra attraverso il portale ma non dal portale e cioè dal fornitore.

Per avviare un'attività di dropshipping bisogna mettere in conto un investimento non tanto importante, ma comunque nemmeno nullo. Infatti, per dare il via al tutto sarà necessario:

- Acquistare un dominio su internet

- Costruire il proprio sito di e-commerce affidandosi a professionisti

- Analizzare il mercato per capire quali settori sono vantaggiosi, se scegliere di vendere prodotti di nicchia oppure prodotti più diffusi

- Avviare una campagna di marketing perchè il posizionamento sul web è fondamentale per farsi conoscere sia dai clienti che dai fornitori

- Entrare in contatto con i fornitori di tutto il mondo e se necessario incontrarli e perciò viaggiare

Ovviamente come per tutte le cose anche il dropshipping presenta i suoi vantaggi e svantaggi. Sicuramente uno dei più grandi vantaggi che rende il dropshipping molto interessante per chi si appresta ad avviare un'attività commerciale online è che richiede costi iniziali minimi.

I costi sono così ridotti perchè bisogna solo avere un sito e non richiede gli investimenti che servono per aprire un negozio.

Inoltre, non sono previsti i costi di gestione del magazzino perché il magazzino non esiste: ci si rivolge direttamente al fornitore che oltretutto sarà pagato soltanto quando i prodotti saranno venduti. Non è necessario pagare in anticipo la merce con il rischio di indebitarsi e di avere dell'invenduto.

Quindi, si risparmia non solo denaro, ma anche tempo. Infatti, tutto il lavoro viene svolto online semplicemente inoltrando l'ordine al fornitore. Non ci si deve occupare di impacchettare o spedire il prodotto, perché anche la logistica rientra nelle competenze del fornitore.

L'intermediario non deve nemmeno svolgere l'inventario perché ci pensano i fornitori, sia che si tratti di grossisti sia che si tratti di normali commercianti.

Inoltre, questo sistema è utile per ampliare la propria clientela a livello mondiale perché si possono avere fornitori da tutto il mondo.

Da sottolineare, anche, che dal punto di vista fiscale la gestione di un e-commerce, in generale sia che pratichi dropshipping che no, è più snella rispetto a quella di un negozio fisico, un esempio concreto è che non sarà necessario fare lo scontrino elettronico per l'e-commerce.

Anche il fornitore trae vantaggio dal sistema di dropshipping perché in accordo con il compratore guadagna la presenza online, laddove magari il proprio e-commerce non avrebbe la stessa diffusione.

L'intermediario, infatti, dovrà occuparsi di gestire al meglio il marketing per diffondere e imporre la propria presenza online, a vantaggio anche del fornitore che non dovrà pensare a farsi pubblicità da solo.

Per il cliente, inoltre, dropshipping significa avere una maggiore scelta di prodotti a propria disposizione, con oggetti di fornitori da tutto il mondo, per cui potrà scegliere ciò che più gli piace e rispecchia i suoi gusti personali.

Detto così sembra tutto perfetto, ma come per ogni ambito non mancano gli svantaggi.

Questi sono costituiti in primis dalla necessità di trovare fornitori che abbiano prodotti di qualità e siano affidabili, per non ritrovarsi con ordini inoltrati, ma mai spediti.

Inoltre, esistono anche svantaggi dal punto di vista economico perché nonostante il capitale iniziale da investire in un'attività di dropshipping sia molto basso e non ci sia il rischio di trovarsi nelle condizioni di non poter pagare i fornitori, il guadagno effettivo è piuttosto misero, soprattutto inizialmente.

Dal prezzo pagato dall'acquirente bisogna infatti sottrarre il costo del produttore e le spese legate al marketing.

Quindi, per guadagnare molto, in questo sistema è necessario avere molti clienti e fornitori convenienti.

Inoltre, il sistema del dropshipping può essere usato per compiere truffe da soggetti malintenzionati, sotto più punti di vista.

Ad esempio, possiamo pensare all'intermediario che trattiene i soldi del cliente, ma non inoltra l'ordine al fornitore.

Oppure, un fornitore che raggira l'intermediario, magari chiedendo di essere pagato non in base alla vendita del prodotto, ma mensilmente.

Insomma, è necessario come sempre quando si tratta di acquisti in rete, prestare molta attenzione all'affidabilità dei soggetti coinvolti nel sistema.

Nelle community online dedicate al dropshipping e in generale al commercio elettronico è possibile trovare elenchi di dropshipper con le relative recensioni di anno in anno perché in tal modo avremo un confronto con altri utenti che sarà utile per esempio a cercare quelli che sono considerati i migliori dropshipper in Italia.

Tuttavia, non esiste una lista professionale ufficiale dove i fornitori sono tenuti a iscriversi, per cui il rischio di trovare figure poco serie deve spingere l'imprenditore digitale ad avere massima cautela e attenzione.

Per cominciare occorre identificare quali sono gli opportuni canali di distribuzione per il proprio settore: se i grossisti, o i piccoli produttori locali.

Un'indagine online attraverso il motore di ricerca può aiutare l'intermediario a dividersi tra le tante presenze online per cercare quelle che sono più adatte a sé stesso.

Bisogna anche fare un'analisi dei costi, capire quali sono i soggetti più convenienti, prendere contatti o magari effettuare visite per conoscersi di persona.

A questo proposito, sono utili anche le fiere di settore o quelle dedicate all'e-commerce, dove fare networking e conoscere dropshipper e altri intermediari per scambiarsi opinioni, consigli e idee su come agire al meglio per portare avanti il proprio business digitale.

La pandemia di coronavirus nel 2020 ha creato nuove sfide per le aziende, chiuse o soggette a delle limitazioni per molto tempo con la conseguenza di aver avuto ricadute economiche e sociali significative.

In linea di massima si è verificato un ricorso agli strumenti di vendita online, soprattutto durante il lockdown completo in primavera quando non era consentito tenere aperti negozi e imprese.

Tali problemi possono essersi verificati per chi si occupava in quei tempi di dropshipping per eventuali crisi dei fornitori, ritardi nella consegna della merce e nelle spedizioni.

Quindi, il dropshipping rappresenta sicuramente un sistema molto interessante da sfruttare nel migliore dei modi soprattutto oggi che la concorrenza in Italia non è ancora così eccessiva: un modo semplice, immediato ed efficace per fare un business online senza investimenti iniziali, a parte quelli legati alla gestione del sito.

Questo modello di business è adatto a tutti ammesso però che si abbia un certo livello pazienza per imparare e di avere un minimo di fiuto per gli affari.

Si tratta di un'attività imprenditoriale adatta anche a coloro che sono alle prime armi, in quanto i costi relativamente bassi per avviare l'attività e i rischi minimi, rendono il dropshipping un ottimo modo per muovere i primi passi nell'ambito delle vendite online.

Proprio per i motivi appena menzionati, anche chi ha poco denaro da investire può trovare in questo modello di business un buon punto di partenza per poter guadagnare denaro.

Infine, un altro motivo che permette al dropshipping di essere così interessante è che, consente di prendere confidenza con una particolare nicchia, studiare i pregi, i difetti, ma soprattutto le potenzialità.

Particolari eventualmente da sfruttare in un secondo momento con altre tipologie di vendita online.

Tra i requisiti per essere un ottimo dropshipper troviamo sicuramente quello di avere una certa conoscenza del marketing, almeno quelle che sono le basi e di come funziona l'advertising online. Bisogna infatti tenere conto che, nella maggior parte dei casi, si vanno a trattare dei prodotti che non sono unici e che vengono venduti anche altrove. Non potendo contare sull'unicità della merce, l' importanza del marketing viene aumentata esponenzialmente. In tal senso è bene avere conoscenze nell'ambito di:

- SEO, per posizionare il proprio e-Commerce e per avere maggiore visibilità sui motori di ricerca, inoltre, a questo proposito è fondamentale la link building

- Influencer marketing perché negli ultimi tempi è la strategia più usata per vendere i propri prodotti in dropshipping ovvero proprio quella di usare Influencers che sponsorizzano il proprio e-commerce e attraverso questa strategia potremo raggiungere migliaia di potenziali clienti in pochissimi giorni

- Google AdWords e Facebook Ads, per poter effettuare pubblicità a pagamento, ottimizzando i costi

- Social Media Marketing, per poter spingere i propri prodotti anche su Facebook, Instagram e altri social

Conoscendo questi settori, è possibile già capire in partenza, in base al tipo di prodotto trattato, quale potrebbe essere il canale da prediligere.

In caso di dubbi comunque, è possibile stanziare un budget ridotto per tutte le vie che potranno essere intraprese con il solo scopo di trovare quali siano le soluzioni migliori.

Nel caso non si abbia particolare dimestichezza con i codesti temi, è opportuno assumere persone che se ne occupino.

In questo caso però, com'è facile capire, i costi risulteranno decisamente maggiori.

Anche se una volta avviata tale attività risulta abbastanza facile da gestire, vanno ricordati alcuni dettagli importanti. Risulta praticamente impossibile non aprire la partita IVA.

Per sua natura, infatti, la vendita online non è occasionale e difficilmente il giro d'affari di chi vende sul web è inferiore ai cinquemila euro annui.

Dunque risulta fondamentale avvalersi di una partita IVA e del servizio di un ottimo commercialista.

Va detto che, per poter avere un po' di respiro agli inizi, è possibile affidarsi al regime forfettario che garantisce un minimo di manovra in più per chi vuole avviare un'attività di questo tipo.

Il secondo passo è decidere quale tipo di piattaforma usare. In tal senso, esistono diverse opzioni.

Ad esempio, una delle più importanti, è Shopify, cioè una piattaforma ideata apposta per la sola vendita online e risulta particolarmente indicata anche per il dropshipping.

Facile e rapido da usare, si tratta di un servizio che permette la realizzazione di siti e-Commerce. Shopify è talmente importante da essere impiegata anche da uno dei brand più importanti a livello globale come RedBull.

Altre caratteristiche importanti sono l'assistenza impeccabile, l'integrazione perfetta con una serie infinita di plugin, nonché una sezione di reportistica accurata.

Non mancano i piccoli svantaggi, come le limitazioni del piano base e la necessità nel dover usare delle aggiunte esterne per sistemare l'e-Commerce a norma della recente legge GDPR.

Un altro fattore che potrebbe non piacere a molti rivenditori sono i costi legati a questo servizio. Come accennato infatti, le versioni più basiche presentano qualche pecca.

Per quanto riguarda i costi è bene ricordare che:

-   Basic Shopify costa appena trenta dollari al mese, ai quali vanno aggiunti il tre percento più trenta centesimi di dollaro sulle transazioni oltre al due percento sui gateway di terze parti

-   Shopify standard costa circa ottanta dollari mensili, ai quali va aggiunto il tre percento più trenta centesimi sulle transazioni e l'un percento sui gateway di terze parti

- Advanced Shopify che costa circa trecento dollari al mese ai quali aggiungere il tre percento e trenta centesimi su ogni transazione oltre al'un percento sui gateway di terze parti.

Qualunque tipo di abbonamento permette di vendere un numero illimitato di prodotti, ottenere uno spazio web, un sistema di protezione da frodi, temi gratuiti e a pagamento oltre alla possibilità di personalizzare la grafica del proprio sito. Visto quanto offerto dalla piattaforma, i costi proposti risultano abbastanza convenienti.

Un altro aspetto interessante è che spesso la filosofia dropshipping viene abbinata a quella del franchising. Chi non ha particolare tempo, voglia o capacità per scegliere tra tanti fornitori può talvolta essere molto utile per ottenere un certo supporto.

Di fatto, affidarsi al franchising, permette di ritrovarsi di un sito e-Commerce e un sistema pronto per essere usato. In un contesto del genere, non servono particolari conoscenze a livello di advertising e di realizzazione di siti Web.

L'azienda che si occupa di franchising, infatti, è pronta a fornire un e-Commerce, a formare e assistere il dropshipper sino a un vero e proprio supporto per questioni legali.

E potendo contare su un marchio conosciuto, è possibile avere anche notevoli vantaggi a livello di immagine.

Come qualunque altro tipo di franchising, però, esiste lo svantaggio di dover sborsare parecchio denaro per poter ottenere quanto appena detto. In generale, l'operazione può costare diverse migliaia di euro anche se, a conti fatti, può essere piuttosto conveniente.

Chi infatti si appresta ad avvicinarsi per la prima volta al business online, va incontro ad alcuni errori utili alla formazione.

Questi errori possono costare molto caro sia per quanto riguarda il tempo che nell'ambito del denaro. Poter cominciare un'avventura in franchising, permette di limitare il margine di errore e di poter comprendere come funziona il settore dropshipping senza dover per forza rimetterci del denaro.

Nulla vieta che, dopo un'esperienza di questo genere, non si voglia avviare un'attività in proprio da affiancare o per sostituire il franchising.

CAPITOLO 6

Private Label in Dropshipping

L'industria del dropshipping diventa sempre più competitiva, di conseguenza è necessario qualche accorgimento per assicurarsi che la nostra attività possa battere i nostri temibili concorrenti.

Il modo migliore per farlo è quello di vendere in dropshipping prodotti in Private Label perché questi possono dare un margine di profitto più alto e guadagnare di più in modo più veloce.

Secondo le statistiche, i guadagni di coloro che si sono affacciati a questo mondo da pochissimo tempo raggiungono già più di diecimila dollari al mese.

Il Dropshipping di prodotti in Private Label risulta più efficace quando si sviluppa e si commercializza prodotti di qualità superiore, perchè l'uso di un brand ci permette di avere la capacità di chiedere prezzi migliori sul mercato.

Un esempio di un'industria che fa uso del Private Label è l'industria dei supermercati: i supermercati infatti offrono regolarmente prodotti in Private Label.

Questa scelta gli permette di avere margini di profitto superiori rispetto a quelli che si ottengono, offrendo ai propri clienti, soltanro prodotti dei brand più famosi con prezzi più elevati.

Il modo migliore per differenziarsi dalla concorrenza è lasciare il segno, quindi, fare dropshipping di prodotti in private label, perché con questo tipo di vendite possiamo approfittare di tutti i lati positivi dovuti alla vendite dei nostri prodotti e del nostro brand.

Una giusta e studiata commercializzazione del prodotto farà in modo che i nostri clienti scelgano di rivolgersi a noi ogni qual volta avranno bisogno di un determinato bene perché conoscono il nostro brand e lo riconoscono come unico.

L'unicità e l'esclusività trasmessi attraverso la creazione di un brand renderà la potenziale clientela più disponibile a pagare prezzi maggiori e un numero sempre crescente di persone sceglierà il nostro marchio di abbigliamento, per esempio, rispetto ad altri marchi che hanno la stessa fascia di prezzo.

Per ottenere un successo a lungo termine, è di fondamentale importanza costruire un'immagine del brand basata sulla fiducia e la trasparenza.

Realizzare prodotti in Private Label è il mezzo più efficace per creare questo tipo di rapporto con i nostri clienti perché i benefici e l'utilità che gli acquirenti traggono dai nostri prodotti, faranno in modo che il nostro nome venga affiancato ad un'immagine positiva che verrà ricordata nel tempo.

Il Private Label, infatti, rende più probabile che i nostri clienti si affezionino al marchio e allo store e quindi che coltivino una certa fiducia nel nostro brand e che ritornino a comprare nuovamente o che consiglino il nostro prodotto ad altri persone.

Un metodo alternativo a quelli proposti fino a questo punto, per promuovere l'esclusività del brand, è quello di vendere all'ingrosso i nostri prodotti in Private Label.

Limitando l'accesso che gli altri venditori hanno sui nostri prodotti, dovremo fare in modo che gli stessi debbano pagare prezzi più alti per poterci accedere e questo non solo aiuta a generare un profitto maggiore, ma nello stesso tempo permette al nostro marchio di guadagnare più visibilità.

Un altro comportamento importante è stabilire delle buone relazioni con i rivenditori più grandi, per aumentare la visibilità del nostro brand e fare in modo che un numero maggiore di persone acquisti i nostri prodotti.

Offrendo ai clienti la possibilità di scegliere se comprare il prodotto da noi piuttosto che dai rivenditori aumenteremo certamente le nostre probabilità di vendita.

Ma come possiamo cominciare a vendere in dropshipping prodotti in Private Label?

Se non abbiamo ancora provato a vendere in dropshipping prodotti in Private Label, vediamo insieme come fare passo dopo passo:

- Ricerca dei prodotti da vendere perché esiste un'ampia gamma di prodotti che possono essere realizzati in Private Label con poco sforzo. Alcuni esempi sono: prodotti di elettronica, cosmetici e prodotti per la cura della pelle, utensili, abbigliamento, accessori nel settore della moda. La lista potrebbe continuare all'infinito, e proprio per tal motivo, la vera sfida è scegliere un prodotto da cui poter avere profitto, che abbia domanda sul mercato, ma poca competizione da parte di altri competitor. Quindi, il primo passaggio per dare inizio alla nostra impresa è quello di fare delle ricerche e conoscere le richieste dei consumatori

- Usare Google AdWords per ricercare i prodotti più popolari cioè se non siamo sicuri di quali siano i prodotti più richiesti, Google può aiutarci. Usando lo strumento di ricerca parole chiave potremo vedere quante persone ricercano dei termini specifici su Internet; questo potrebbe essere un valido indicatore per capire la domanda dei prodotti che si vogliono vendere in Private Label. Un'altra funzione che Google offre è sapere quante volte al mese queste determinate parole vengono cercate. Ovviamente è importante che il prodotto che vogliamo vendere abbia un ingente numero di ricerche su google, altrimenti non sarebbe opportuno investirci dei soldi nella speranza di vedere in futuro dei profitti

- Collaborare con un fornitore affidabile perché il mercato del dropshipping in Private Label si sta diffondendo giorno dopo giorno, è molto importante collaborare con un fornitore affidabile che sia in grado di essere flessibile e anche in grado di offrire prodotti di buona qualità. In realtà questa potrebbe essere un piccolo dettaglio, ma potrebbe danneggiare la nostra azienda perché un partner poco affidabile potrebbe inviare prodotti, di bassa qualità o errati, oppure potrebbe ritardare nelle spedizioni. Con un fornitore affidabile alle spalle, potremo invece concentrarci solo sulla promozione e sulla vendita del nostro prodotto e migliorare quello che sarà il profitto finale

Quindi, il Private Label consiste nella vendita di un prodotto che andremo a personalizzare con logo, packaging ed addirittura personalizzandolo o creando un prodotto da zero che ancora non esiste sul mercato.

Oggi sentiamo parlare anche del White label.

Ma che cos'è?

Il white label è abbastanza simile: scegliamo un prodotto che è già venduto con successo da un'altra azienda, ma offriamo opzioni di etichette bianche, cioè progettiamo il pacchetto da vendere, etichettiamo e vendiamo il prodotto, solitamente, questo approccio viene usato nelle industrie di bellezza.

In ogni caso, non sottovalutiamo affatto i problemi: un problema con il white label è la domanda perché siamo vincolati con qualsiasi cosa ordiniamo e la maggior parte delle aziende con le quali avremo a che fare stabilirà una quantità minima di produzione.

Insomma, se non riusciremo a venderlo, dovremo convivere con il surplus per parecchio tempo.

CAPITOLO 7

Digital marketing

Oggi, il processo decisionale d'acquisto dei consumatori è influenzato sin dai primi momenti successivi all'input iniziale da brand reputation, blog, recensioni, ed opinioni online. Ed è questo il motivo che porta le migliori aziende ad integrare alle proprie strategie di marketing delle attività sul web per procedere sulla stessa linea con il consumatore dell'era digitale.

Il Digital Marketing si riferisce a tutte quelle attività di promozione di un brand e di commercializzazione di prodotti e servizi attraverso uno o più canali digitali.

Integrare il Digital Marketing ci aiuterà a raggiungere un target ben mirato e potremo interagire con questo nel momento di sua massima ricezione, indipendentemente dall'area geografica in cui ci troviamo.

Potremo tracciare e monitorare le azioni dei nostri utenti in tempo reale così da migliorare e ottimizzare quelle che saranno le strategie di marketing giorno per giorno.

Ma in quale modo possiamo farlo?

Partendo dalle basi e impostando una buona strategia di digital marketing:

- Studiamo il pubblico, ciò che desidera e ciò di cui ha bisogno

- Definiamo la nostra value proposition

- Stabiliamo gli obiettivi da raggiungere e definiamo le priorità aziendali

- Tracciamo i dati lasciati dai nostri utenti ed impegniamoci a generare contatti qualificati e profilati per poter rispondere al meglio alle loro esigenze

- Usiamo gli strumenti più adatti alle nostre esigenze

Ma se volessimo andare più nello specifico, quali sono gli strumenti offerti da Internet di cui si avvale il Digital Marketing?

Prima di tutto l'advertising e con questo facciamo riferimento a tutte quelle attività a pagamento di promozione a carattere commerciale e di sponsorizzazione di un brand.

In particolar modo potremo sentir parlare di SEM e pay per click. Questo tipo di attività ci faranno avere visibilità immediata attraverso delle aste online per le diverse parole chiave di cui decideremo di avvalerci.

Gli Adgertising saranno utili per poter concorrere con gli altri competitori online aumentando così le nostre possibilità di avere maggiore visibilità.

Se usati nel modo corretto, produrranno un ritorno sui nostri investimenti, generando così profitto per l'azienda.

Poi, la Search Engine Optimization comprende tutte quelle attività di ottimizzazione delle performance del nostro sito in termini di visibilità organica e posizionamento per i motori di ricerca.

Google, Bing e gli altri motori di ricerca, premiano i siti con i migliori contenuti e con un design che offre una facile navigabilità per gli utenti.

Quindi, dobbiamo fare in modo che il nostro sito sia facile da trovare, chiaro, bello e fruibile, così come abbiamo già spiegato nei capitoli precedenti perché in tal modo avremo maggiore possibilità di generare traffico qualificato.

Ancora, il Content marketing comprende tutte quelle attività di creazione e distribuzione di contenuti come blog e articoli.

Lo scopo è quello di attirare utenti qualificati verso il nostro sito dando la priorità alle relazioni rispetto alle transazioni.

Contenuti interessanti possono diventare una vera fortuna per la crescita del nostro business aziendale in termini di SEO e di acquisizione di contatti e dati tracciabili.

Quest'ultimi, se analizzati nel modo corretto, ci offriranno la possibilità di guidare i nostri utenti attraverso il Conversion Funnel.

Il tutto regalando un' esperienza spendibile, interessante e divertente.

Siamo in possesso di un prodotto inedito, offriamo un servizio innovativo o siamo un Brand nuovo?

È arrivato il momento di farci conoscere a tutto il web. Così il digital PR è una tattica usata dai brand per incrementare la loro presenza online costruendo relazioni con blogger, giornalisti online e con il pubblico dei social network.

Una buona strategia di digital PR aiuta ad incrementare e migliorare la reputazione di un'azienda nelle community online dando visibilità al marchio. Se usato in modo adeguato ha effetti positivi sulla SEO, conversion rate e sul ROI.

Invece, il Social Media Marketing riguarda quelle attività di promozione di prodotti, servizi e brand attraverso social network che permettono di avere un'interazione diretta tra utente e azienda.

I canali social possono diventare un potente motore di coinvolgimento degli utenti capace di dirottarli direttamente sul nostro sito web.

Scegliamo delle piattaforme social allineate al nostro target: non è necessario essere presenti su tutti i canali social, ma è importante presidiare bene quelli scelti.

Farlo nel modo giusto richiede tempo, strategia e creatività secondo le linee del Content Marketing.

Infine ascoltiamo quello che è il nostro pubblico e tracciamo i risultati.

In questo modo potremo ottimizzare le nostre prestazioni, aumentando di giorno in giorno le nostre performance.

Il Conversion Marketing comprende tutte quelle tecniche con lo scopo di convertire i nuovi visitatori in potenziali ed effettivi clienti paganti e i first-time customer in clienti fidelizzati.

Ma com'è possibile? Attraverso un mix di analisi dei dati, creatività, tecnologia e business, infatti, mettendo insieme queste componenti possono darci gli input giusti per aumentare le conversioni al nostro sito. Attraverso la lettura dei dati, potremo analizzare tutte le componenti che hanno influenzato le interazioni dell'utente con il nostro sito.

Potremo così tradurre i dati raccolti in modifiche strutturali all'architettura e al design del sito.

Infine con i cosiddetti A/B testing saremo in grado di ottimizzare il nostro sito per accompagnare più utenti attraverso il Conversion Funnel.

Il marketing automation permette di rendere automatiche delle azioni di marketing solitamente manuali attraverso dei software specifici. Questi software permetteranno di ottimizzare le nostre strategie di web marketing qualificando i nostri contatti, generando nuove opportunità di vendita e velocizzandone il ciclo, il tutto, attraverso l'automatizzazione di azioni ripetitive, l'aggiornamento e la segmentazione automatica del database, gestendo l'invio delle nostre email e registrando i punti di contatto con i nostri possibili clienti.

L'email marketing consiste nell'invio di e-mail e newsletter come mezzo per comunicare direttamente con i nostri contatti per scopi commerciali e di fidelizzazione dei clienti.

Un'email ben studiata diventa il modo perfetta per avvicinare i nostri potenziali clienti: diamo priorità alla connessione diretta con il destinatario con un tocco personale e accattivante.

Il mobile marketing comprende quelle attività di marketing multicanale destinate a raggiungere il pubblico direttamente su dispositivo mobile come smartphone e tablet. Si avvale di strumenti come Siti Web Responsive, localizzazione GPS, SMS, social media e apps. È una pratica fondamentale per una strategia di marketing di successo, infatti, dal 2016 la percentuale di italiani collegata ad internet attraverso dispositivi mobile è aumentata notevolmente a discapito dei collegati via desktop.

Quindi, possiamo concludere dicendo che il settore di riferimento del digital marketing è grandissimo ed all'inizio può risultare difficile, impostare e coordinare le attività in modo da spiccare rispetto ad altri competitors.

CAPITOLO 8

Il cliente

La fidelizzazione è uno degli strumenti di marketing più importanti nel business online, infatti perdere clienti e spingerli in un altro negozio è davvero molto facile. Il ciclo di vita di un cliente ("Customer Life Cycle") su Internet è molto più veloce che nella vendita tradizionale, cosa che per voi, gestori di un online shop, potrebbe essere un po' frustrante, soprattutto durante i primi tempi. Con un buon CRM (programmi per la "gestione delle relazioni con i clienti") trasformate clienti saltuari in clienti fissi con la possibilità che vi restino fedeli a lungo. Potrete beneficiare così di guadagni stabili e di una migliore pianificabilità del vostro business.

Con il concetto di "ciclo di vita del cliente" si fa riferimento al rapporto commerciale tra il venditore e il consumatore che inizia con l'instaurazione del primo contatto e si estende fino al momento in cui si perde il cliente. Non è da escludere che questi ritornerà sul vostro sito, anche se di regola non succede. Il ciclo di vita del cliente si può suddividere in diverse fasi, da cui è possibile ricavare una serie di azioni per la fidelizzazione. Di seguito vi mostriamo sia le singole fasi sia gli strumenti di CRM adatti in ordine temporale.

1. Fase di acquisizione

Durante la prima fase avete a che fare con potenziali clienti. Questi si informano su particolari prodotti, confrontano i fornitori, offerte o modelli e ripensano o rimandano la decisione sull'acquisto in caso di dubbio. Si tratta di attirare l'attenzione del cliente sul vostro negozio online attraverso classiche misure di marketing, per esempio:

Ottimizzazione per i motori di ricerca (SEO)

Annunci pubblicitari

Programmi di affiliazione

Giochi a premi

Con un design originale, immagini e descrizioni della merce di qualità nonché con la presentazione di valutazioni attendibili da parte di clienti o autorità certificative (in inglese Certificate Authority) vi guadagnate la fiducia del consumatore. Se inoltre si risponde a tutte le domande riguardo alla protezione dati, processo di ordinazione e consegna nonché la tipologia di pagamento, ci sono tutti i presupposti per l'acquisto. Analizzate regolarmente la frequenza di rimbalzo, soprattutto per capire in quali ambiti dovreste migliorare il vostro negozio online.

2. Fase di inizio della clientela

Dopo aver convinto il nuovo cliente della vostra affidabilità, è necessario dimostrarla. Questo significa colmare tutte le promesse riguardanti lo stato e la consegna della merce nonché comunicare in modo adeguato eventuali complicazioni. Inoltre sarebbe consigliabile ringraziare sempre per la fiducia riposta in voi e concedere spazio a feedback e lamentele insieme ad altri servizi. Informate i vostri nuovi clienti su cosa avete da offrire oltre all'acquisto appena effettuato, consigliando loro di visitare regolarmente i vostri social media o occupandovi voi stessi della divulgazione di informazioni tramite newsletter.

3. Fase di sviluppo della clientela

Se le misure presentate finora sono le più frequenti nonché le più utilizzate, il passo seguente è la gestione delle relazioni con i clienti (CRM). Nella fase di sviluppo della clientela potete provare a scavalcare la concorrenza facendo leva su individualismo e creatività e creando un ciclo di vita del cliente quanto più lungo possibile. Oltre al servizio offerto riguardo alla prenotazione e alla consegna della merce, che dovrebbe essere costantemente alto, potete creare campagne di fidelizzazione per dare nuovo impulso alla vostra attività. Dimostrate il vostro valore per esempio attraverso:

Bonus / Premi

Giochi a premi / Sorteggi

Buoni / Regali

Offerte speciali / Sconti

Condizioni Speciali come per esempio tempi di consegna brevi

Cercate inoltre il dialogo con i vostri acquirenti fedeli, verificando frequentemente il lorogrado disoddisfazione e dando spazio a eventuali proposte di miglioramento. Date ascolto alle opinioni dei clienti su social network come Facebook o Twitter. Se ignorate i vostri follower e utilizzate la piattaforma solo per motivi di marketing, questo si ripercuoterà presto sulla vostra reputazione. In molte aziende i canali social media rappresentano sempre il primo punto di contatto per via della loro facile raggiungibilità.

4. Fase di separazione

Se un cliente non compra sul vostro negozio online da tanto tempo, viene considerato come un acquirente perso. Come gestori di un e-commerce il vostro intento è naturalmente quello di indurlo nuovamente all'acquisto, ma se questo non è avvenuto nonostante la strategia di marketing che avete scelto di attuare con lui, è difficile che possiate convincerlo. In ogni caso non dovreste mai arrendervi e lasciar andare i vostri clienti: provate a convincerli contattandoli in maniera individuale telefonicamente o per e-mail. Offritegli condizioni di vendita favorevoli come sconti a lungo termine, spedizione gratuita o minori spese di commissione per incoraggiarli ulteriormente.

CRM: con la giusta combinazione, un guadagno per il vostro business

Con un flusso di vendita continuo perdete rapidamente il controllo e difficilmente potrete creare di nuovo le possibilità sopra elencate per indurre un cliente all'acquisto. Prendete in considerazione il fatto che potete assicurarvi l'aiuto di esperti specializzati nella cura dei clienti e che questi possano portare inoltre un miglioramento alla vostra offerta. Se non volete lasciare la gestione dei vostri clienti in mani sconosciute, prodotti CRM come SUGAR CRM o Salesforce potrebbero fare al caso vostro.

Indipendentemente da quale tipo di CRM scegliate, dovreste in ogni caso tenere a mente la funzionalità del vostro e-commerce. Investite nella cura dei vostri clienti più di quanto guadagniate da loro, anche se il vostro negozio online gode al momento di una certa popolarità sul mercato; popolarità che potrebbe però ben presto eclissarsi senza le giuste precauzioni. Fate attenzione a garantirvi un certo equilibrio tra costi e benefici: prima o poi raccoglierete i frutti di una buona gestione dei clienti.

EPILOGO

E così siamo giunti alla fine di questo libro.

Abbiamo capito quanto sia articolato il mondo del commercio elettronico e quanti problemi potrebbero insorgere per il nostro e-commerce.

Per questo occorre sempre studiare ed informarsi prima di buttarsi in qualcosa che ci farebbe, diversamente, perdere solo tempo e denaro.

Oggi più che mai, è necessario ed importante, evolversi ed adattare il proprio modello di business all'economia digitale, altrimenti chiudere quella che è la nostra azienda sarà soltanto una questione di tempo.